Impressum
Verlag: BABADADA GmbH, Nedderfeld 112 , 22529 Hamburg
Geschäftsführer / Verlagsleitung: Harald Hof
Druck: Books on Demand GmbH, In de Tarpen 42, 22848 Norderstedt

Imprint
Publisher: BABADADA GmbH, Nedderfeld 112 , 22529 Hamburg, Germany
Managing Director / Publishing direction: Harald Hof
Print: Books on Demand GmbH, In de Tarpen 42, 22848 Norderstedt, Germany

skola

škola

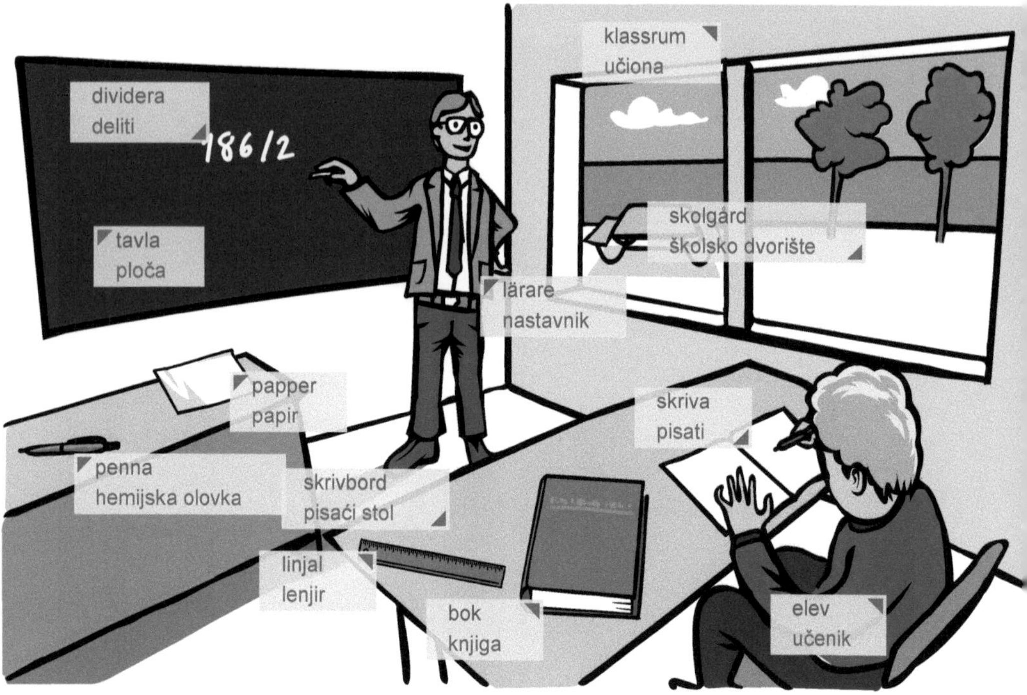

dividera
deliti
186/2
klassrum
učiona
tavla
ploča
skolgård
školsko dvorište
lärare
nastavnik
papper
papir
skriva
pisati
penna
hemijska olovka
skrivbord
pisaći stol
linjal
lenjir
bok
knjiga
elev
učenik

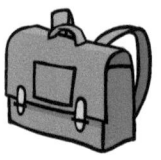

skolväska

torba

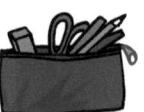

pennfodral

pernica

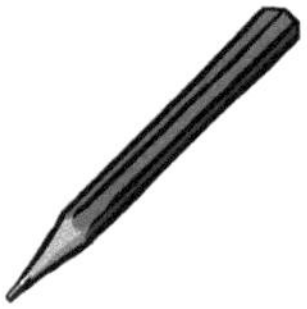

blyertspenna

grafitna olovka

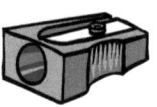

pennvässare

šiljilo za olovke

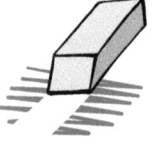

suddgummi

gumica za brisanje

ritblock

blok za crtanje

teckning

crtež

pensel

kist

målarlåda

kutija sa bojama

sax

makaze

lim

lepilo

övningsbok

beležnica

hemläxa

domaći zadatak

tal

broj

2+2

addera

sabirati

5-2

subtrahera

oduzimati

2×2

multiplicera

množiti

räkna

računati

A

bokstav

slovo

ABCDEFG
HIJKLMN
OPQRSTU
VWXYZ

alfabet

abeceda

ord

reč

text
....
tekst

läsa
....
čitati

krita
....
kreda

lektion
....
čas

register
....
dnevnik

prov
....
ispit

intyg
....
svedočanstvo

skoluniform
....
školska uniforma

utbildning
....
obrazovanje

uppslagsverk
....
leksikon

universitet
....
univerzitet

mikroskop
....
mikroskop

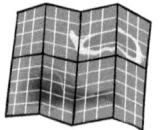

karta
....
karta

papperskorg
....
košara za papir

resa
putovanje

hotell
hotel
Grand
vandrarhem
prenoćište
ROOMS
EXCHANGE
växelkontor
menjačnica
resväska
kofer
bil
auto

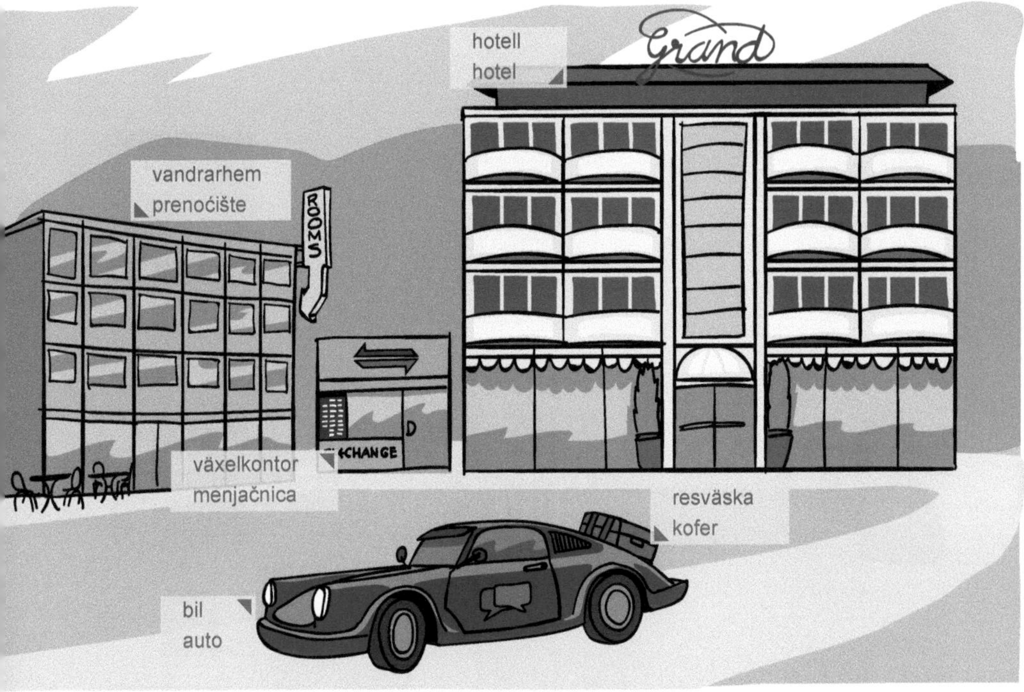

språk
jezik

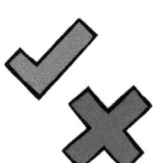

ja / nej
da / ne

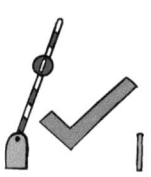

Okay
okej

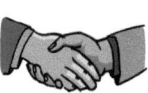

hej
zdravo

översättare
prevodilac

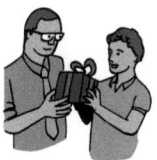

Tack
hvala

hur mycket kostar...?

Koliko košta...?

jag förstår inte

ne razumem

problem

problem

God kväll!

dobro veče!

God morgon!

Dobro jutro!

God natt!

Laku noć!

hejdå

doviđenja

riktning

smer

bagage

prtljaga

väska

torba

ryggsäck

ruksak

gäst

gost

rum

soba

sovsäck

vreća za spavanje

tält

šator

resa - putovanje

turistinformation

turističke informacije

strand

plaža

kreditkort

kreditna kartica

frukost

doručak

lunch

ručak

middag

večera

biljett

karta za vožnju

hiss

lift

frimärke

poštanska markica

gräns

granica

tull

carina

ambassad

ambasada

visum

viza

pass

pasoš

transport

transport

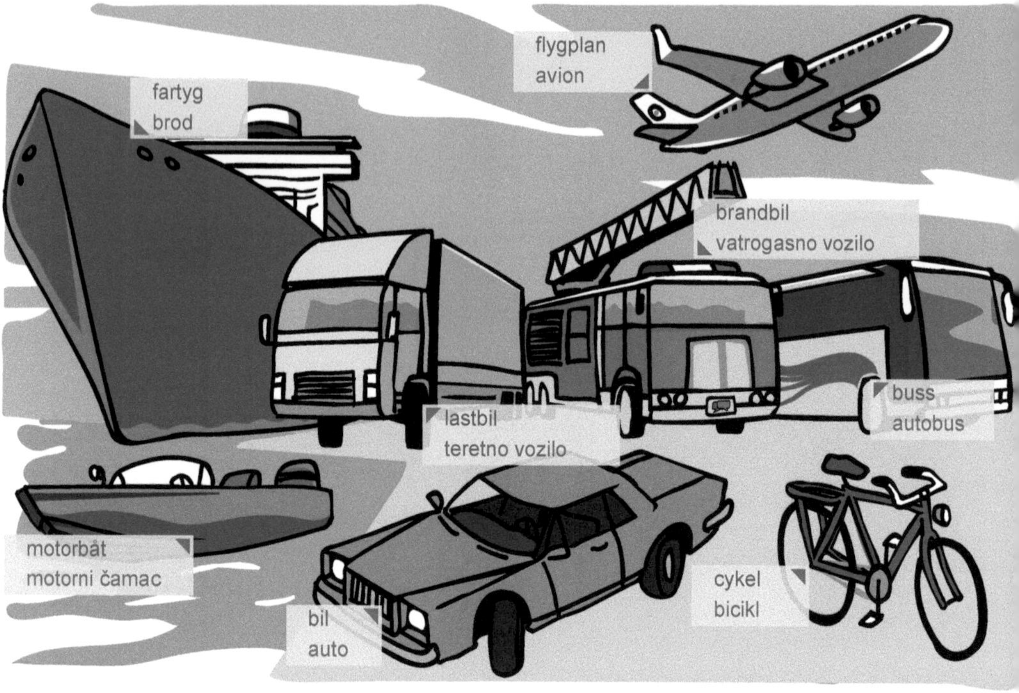
flygplan
avion
fartyg
brod
brandbil
vatrogasno vozilo
buss
autobus
lastbil
teretno vozilo
motorbåt
motorni čamac
cykel
bicikl
bil
auto

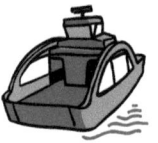

färja
....
trajekt

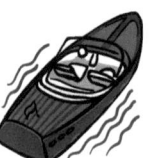

båt
....
čamac

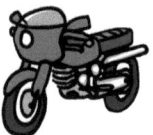

motorcykel
....
motocikl

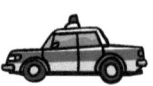

polisbil
....
policijski auto

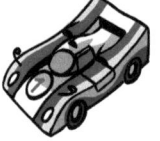

racerbil
....
trkaći auto

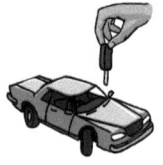

hyrbil
....
iznajmljeno auto

bilpool

delenje automobila

bärgningsbil

vučno vozilo

sopbil

vozilo za odvoz smeća

motor

motor

bränsle

benzin

bensinstation

benzinska stanica

vägmärke

saobraćajni znak

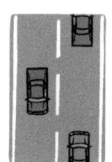

trafik

saobraćaj

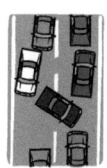

bilkö

zastoj

parkeringsplats

parkiralište

tågstation

železnička stanica

räls

šine

tåg

voz

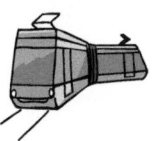

spårvagn

tramvaj

vagn

vagon

helikopter
helikopter

flygplats
aerodrom

torn
kula

passagerare
putnik

container
kontejner

kartong
karton

vagn
kolica

korg
korpa

starta / landa
uzleteti / sleteti

stad
grad

by
selo

centrum
centar grada

hus
kuća

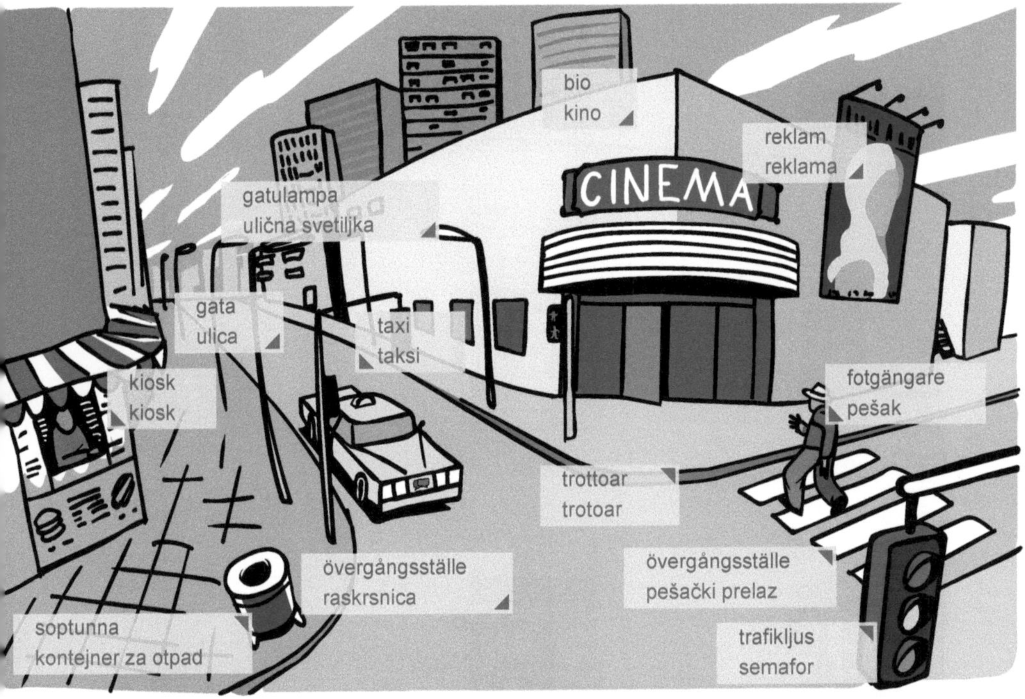

bio
kino

reklam
reklama

gatulampa
ulična svetiljka

CINEMA

gata
ulica

taxi
taksi

fotgängare
pešak

kiosk
kiosk

trottoar
trotoar

övergångsställe
raskrsnica

övergångsställe
pešački prelaz

soptunna
kontejner za otpad

trafikljus
semafor

stuga
koliba

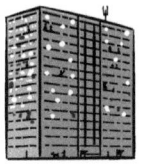

lägenhet
stan

tågstation
železnička stanica

stadshus
većnica

museum
muzej

skola
škola

universitet
univerzitet

bank
banka

sjukhus
bolnica

hotell
hotel

apotek
apoteka

kontor
kancelarija

bokhandel
knjižara

affär
prodavnica

blomsterbutik
cvećara

stormarknad
supermarket

marknad
trg

varuhus
robna kuća

fiskhandlare
ribarnica

köpcentrum
trgovački centar

hamn
luka

park

park

bänk

klupa

brygga

most

trappa

stepenice

tunnelbana

podzemna železnica

tunnel

tunel

busshållplats

autobuska stanica

bar

bar

restaurang

restoran

brevlåda

poštansko sanduče

gatuskylt

ulični znak

parkeringsautomat

parkirni automat

zoo

zoološki vrt

simbassäng

bazen

moské

džamija

bondgård

seosko gazdinstvo

förorening

zagađenje okoline

kyrkogård

groblje

kyrka

crkva

lekplats

igralište

tempel

hram

landskap

pejsaž

löv
list

vägskylt
putokaz

väg
put

äng
livada

sten
kamen

träd
drvo

liftare
šetač

flod
reka

gräs
trava

blomma
cvijet

dal

dolina

kulle

planina

sjö

jezero

skog

šuma

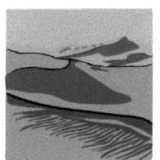

öken

pustinja

vulkan

vulkan

slott

dvorac

regnbåge

duga

svamp

gljiva

palm

palma

mygga

moskito

fluga

muva

myra

mrav

bi

pčela

spindel

pauk

skalbagge

buba

groda

žaba

ekorre

veverica

igelkott

jež

hare

zec

uggla

sova

fågel

ptica

svan

labud

vildsvin

divlja svinja

rådjur

jelen

älg

los

damm

nasip

vindkraftverk

vetrenjača

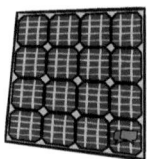

solcellspanel

solarna ploča

klimat

klima

restaurang

restoran

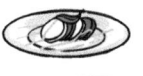

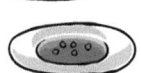

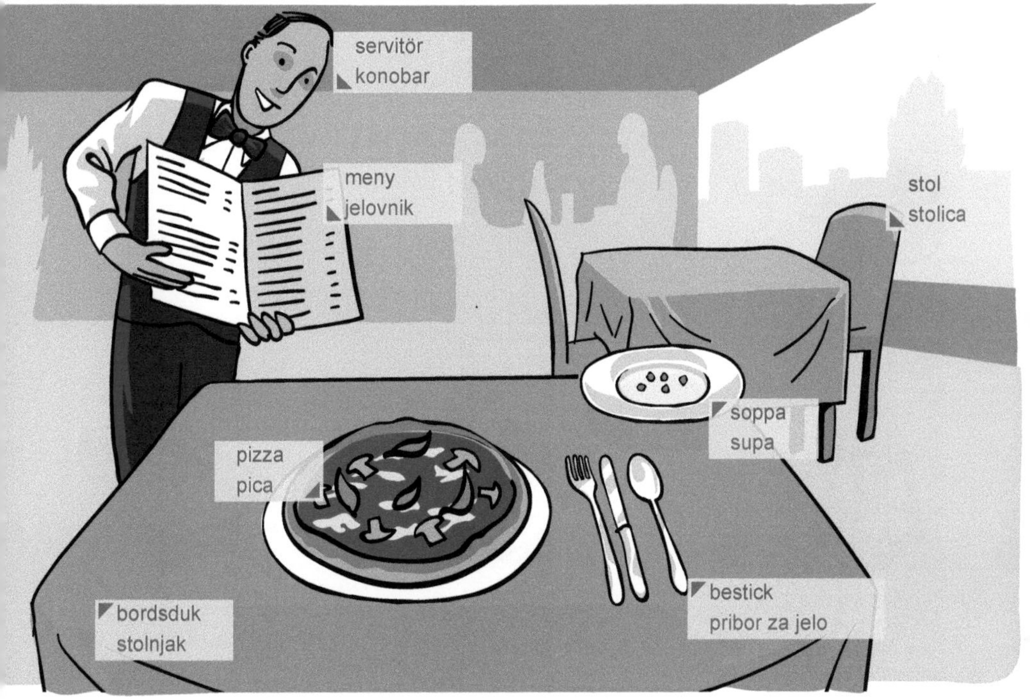
servitör
konobar
meny
jelovnik
stol
stolica
soppa
supa
pizza
pica
bestick
pribor za jelo
bordsduk
stolnjak

förrätt

predjelo

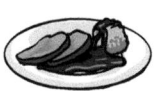

huvudrätt

glavno jelo

dessert

desert

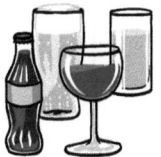

drycker

napitci

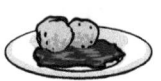

mat

jelo

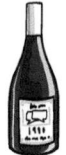

flaska

flaša

snabbmat

brza hrana

street food

imbis hrana

tekanna

čajnik

sockerskål

doza za šećer

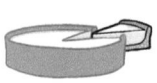

portion

porcija

espressomaskin

aparat za espresso

barnstol

visoka stolica

räkning

račun

bricka

poslužavnik

kniv

nož

gaffel

viljuška

sked

kašika

tesked

čajna kašika

servett

salveta

glas

čaša

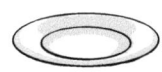

tallrik

tanjir

sopptallrik

tanjir za supu

tefat

tanjirić

sås

sos

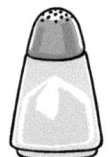

saltkar

soljenka

pepparkvarn

mlin za biber

vinäger

sirće

olja

ulje

kryddor

začini

ketchup

kečap

senap

senf

majonnäs

majoneza

stormarknad

supermarket

specialerbjudande
ponuda
kund
kupac
FOR
mejeriprodukter
mlečni proizvodi
frukt
voće
varukorg
kolica za kupovinu

BUTCHERS

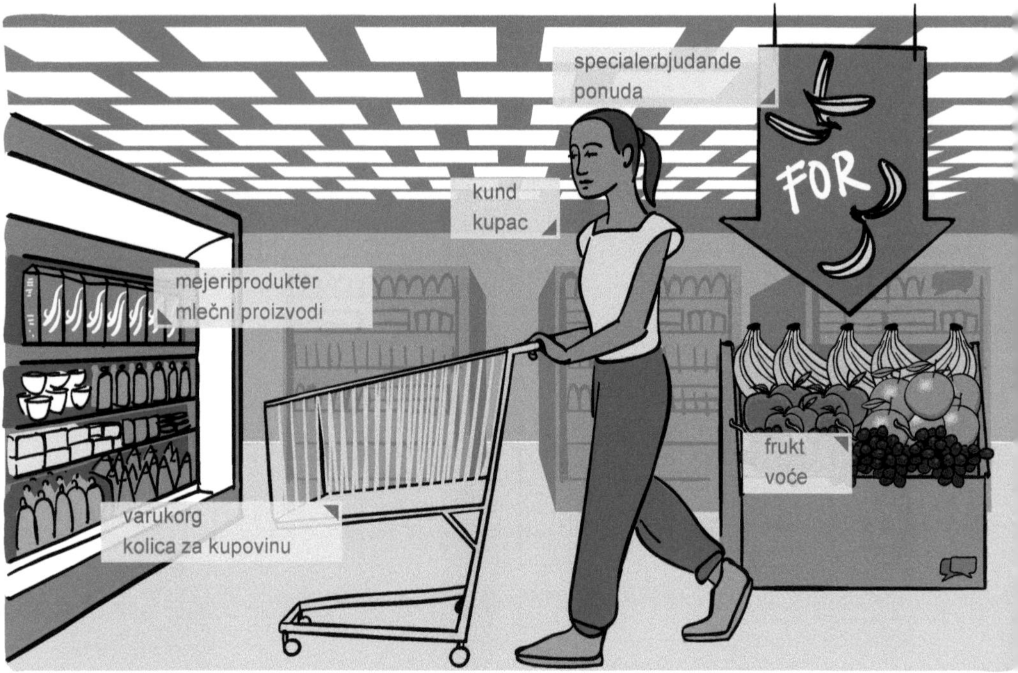

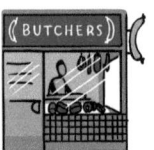

charkuteri

mesnica

BAKERY

bageri

pekara

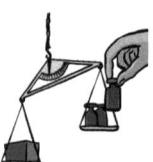

väga

vagati

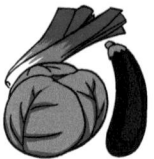

grönsaker

povrće

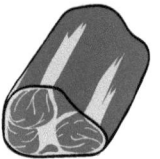

kött

meso

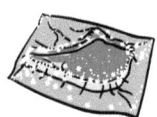

frysta livsmedel

smrznuta hrana

pålägg

narezak

konserver

konzerve

tvättmedel

sredstvo za pranje

godis

slatkiši

hushållsprodukter

artikli za domaćinstvo

rengöringsmedel

sredstva za čišćenje

försäljare

prodavačica

kassa

blagajna

kassör

blagajnik

inköpslista

lista za kupovinu

öppettider

vreme rada

plånbok

novčanik

kreditkort

kreditna kartica

väska

torba

plastpåse

plastična kesa

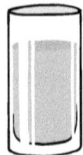

vatten
voda

juice
sok

mjölk
mleko

cola
kola

vin
vino

öl
pivo

alkohol
alkohol

kakao
kakao

te
čaj

kaffe
kava

espresso
espresso

cappuccino
cappuccino

banan

banana

äpple

jabuka

apelsin

narandža

melon

lubenica

citron

limun

morot

šargarepa

vitlök

beli luk

bambu

bambus

lök

luk

svamp

gljiva

nötter

orašasti plodovi

nudlar

rezanci

spaghetti	ris	sallad
špagete	riža	salata

pommes frites	stekt potatis	pizza
pomfrit	pečeni krumpir	pica

hamburgare	smörgås	schnitzel
hamburger	sendvič	šnicla

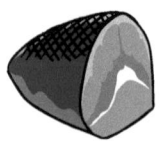

skinka	salami	korv
šunka	salama	kobasica

kyckling	stek	fisk
kokoš	pečenje	riba

havregryn	müsli	cornflakes
zobene pahuljice	musli	kukuruzne pahuljice

mjöl	croissant	fralla
brašno	kroasan	pecivo

bröd	rostat bröd	kex
hleb	toast	keksi

smör	kvarg	kaka
maslac	sveži sir	kolač
		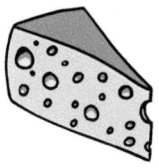
ägg	stekt ägg	ost
jaje	jaje na oko	sir

glass

sladoled

socker

šećer

honung

med

sylt

marmelada

nougatkräm

nugat krema

curry

kari

bondgård
seosko gazdinstvo

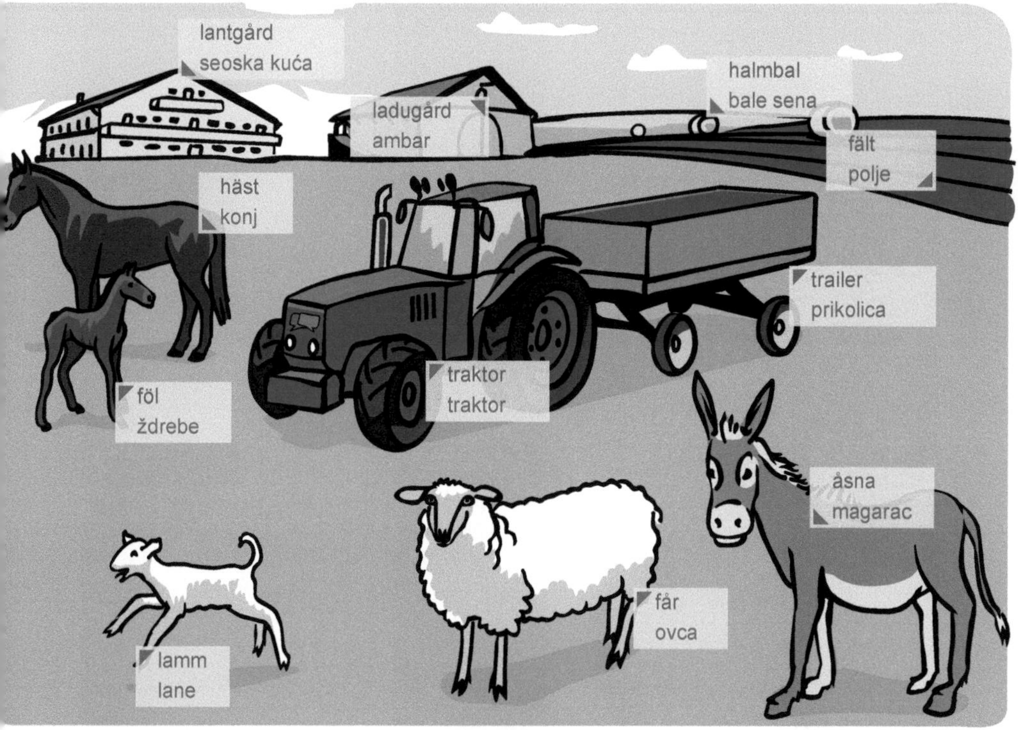
lantgård
seoska kuća
ladugård
ambar
halmbal
bale sena
fält
polje
häst
konj
trailer
prikolica
traktor
traktor
föl
ždrebe
åsna
magarac
får
ovca
lamm
lane

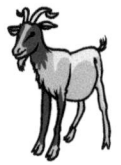

get
koza

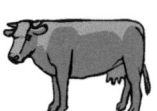

ko
krava

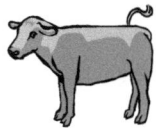

kalv
tele

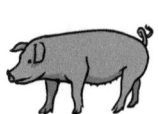

gris
svinja

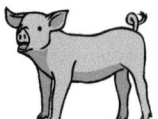

griskulting
prase

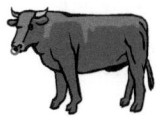

tjur
bik

gås

guska

anka

patka

kyckling

pilići

höna

kokoš

tupp

petao

råtta

pacov

katt

mačka

mus

miš

oxe

vol

hund

pas

hundkoja

kućica za psa

trädgårdsslang

vrtno crevo

vattenkanna

kanta za polivanje

lie

kosa

plog

plug

skära

srp

hacka

motika

högaffel

viljuška za đubrivo

yxa

sekira

skottkärra

tačke

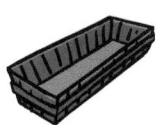

tråg

korito

mjölkflaska

posuda za mleko

säck

vreća

staket

ograda

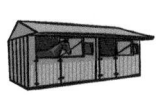

stall

štala

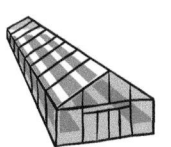

växthus

staklenik

jord

zemlja

säd

seme

gödsel

đubrivo

skördetröska

kombajn

skörda

žeti

skörd

žetva

jams

jams začin

vete

pšenica

soja

soja

potatis

krumpir

majs

kukuruz

raps

uljana repica

fruktträd

voćka

maniok

gomolj manioke

spannmål

žitarice

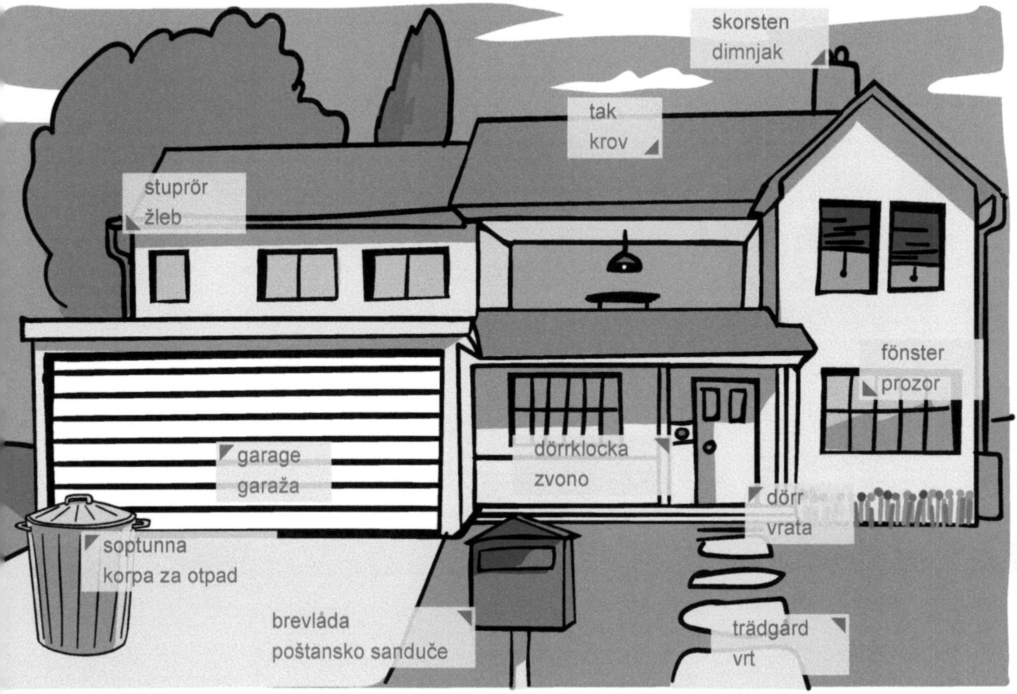

skorsten
dimnjak

tak
krov

stuprör
žleb

fönster
prozor

garage
garaža

dörrklocka
zvono

dörr
vrata

soptunna
korpa za otpad

brevláda
poštansko sanduče

trädgård
vrt

vardagsrum
dnevna soba

badrum
kupaonica

kök
kuhinja

sovrum
spavaća soba

barnrum
dečija soba

matsal
trpezarija

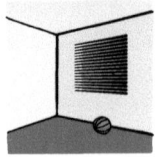

golv
pod

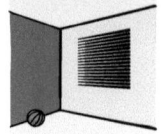

vägg
zid

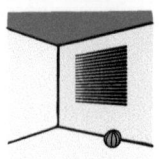

tak
strop

källare
podrum

bastu
sauna

balkong
balkon

terrass
terasa

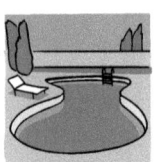

bassäng
bazen

gräsklippare
kosilica za travu

lakan
posteljina za krevet

överkast
deka za krevet

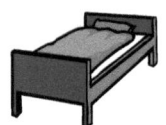

säng
krevet

kvast
metla

hink
kanta

strömbrytare
prekidač

vardagsrum
dnevna soba

tapet
tapeta
bild
slika
lampa
svetiljka
hylla
regal
skåp
ormar
TV
televizija
eldstad
kamin
blomma
cvijet
kudde
jastuk
soffa
kauč
vas
vaza
fjärrkontroll
daljinski upravljač

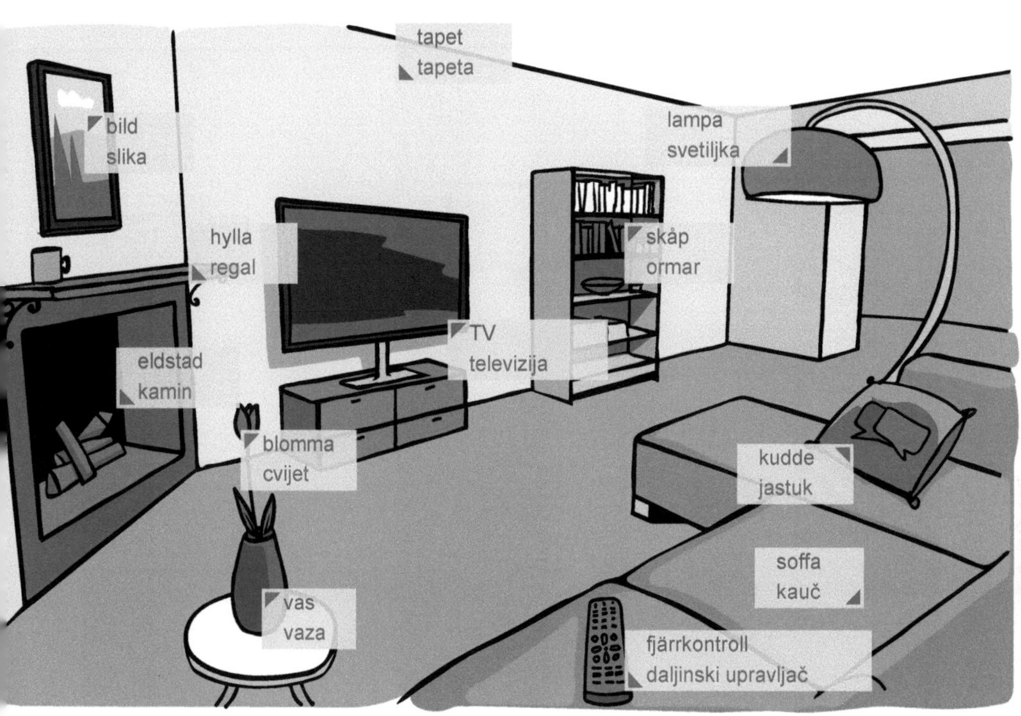

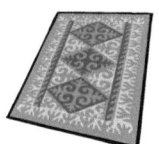

matta
tepih

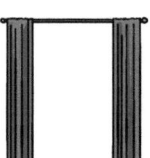

gardin
zavesa

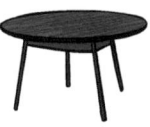

bord
sto

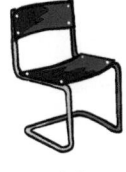

stol
stolica

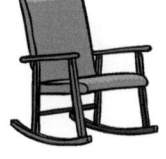

gungstol
stolica za njihanje

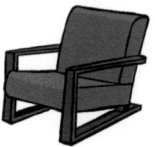

fåtölj
fotelja

bok
knjiga

filt
deka

dekoration
dekoracija

vedträ
drvo za ogrev

film
film

stereoanläggning
hi-fi uređaj

nyckel
ključ

dagstidning
novine

målning
slika na platnu

poster
poster

radio
radio

anteckningsbok
blok za pisanje

dammsugare
usisivač

kaktus
kaktus

stearinljus
sveća

kök
kuhinja

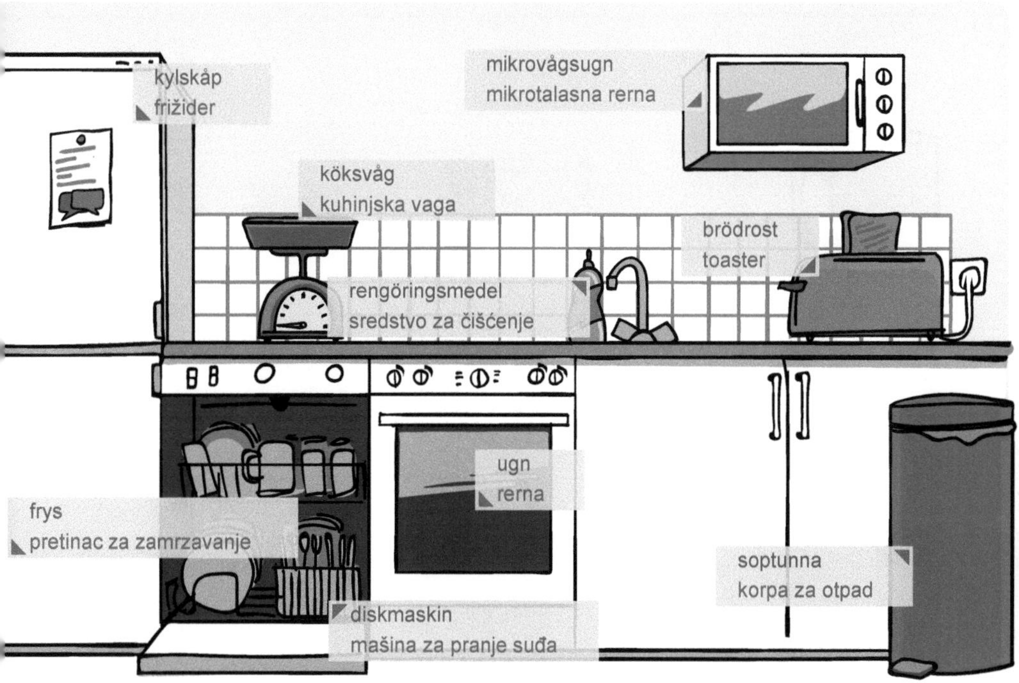

kylskåp
frižider
mikrovågsugn
mikrotalasna rerna
köksvåg
kuhinjska vaga
brödrost
toaster
rengöringsmedel
sredstvo za čišćenje
ugn
rerna
frys
pretinac za zamrzavanje
soptunna
korpa za otpad
diskmaskin
mašina za pranje suđa

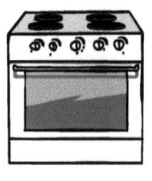

spis

špore

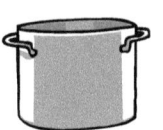

kastrull

lonac

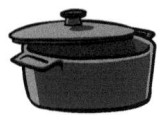

järngryta

gvozdeni lonac

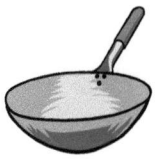

wok / kadai

wok / kadai

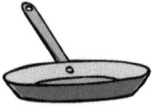

stekpanna

tava

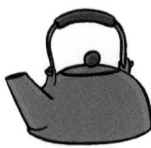

vattenkokare

kuvalo za vodu

ångkokare

kuvalo na paru

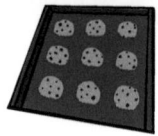

bakplåt

lim za pečenje

porslin

posuđe

mugg

čaša

skål

posuda

ätpinnar

štapići za jelo

soppslev

kutlača

stekspade

lopatica

visp

penjača

durkslag

sito za kuvanje

sil

sito

rivjärn

ribež

mortel

mužar

grill

roštilj

brasa

ognjište

skärbräda
daska

kavel
oklagija

korkskruv
vadičep

burk
konzerva

burköppnare
otvarač konzervi

grytlapp
krpa za lonac

vask
sudoper

borste
četka

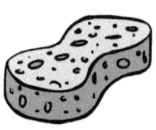

svamp
sunđer

mixer
mikser

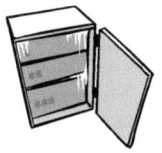

frys
zamrzivač

nappflaska
flašica za bebe

kran
slavina za vodu

badrum
kupaonica

värme
grejanje
handduk
peškir
dusch
tuš
duschdraperi
zavesa za tuš
bubbelbad
penušava kupka
badkar
kada
glas
čaša
tvättmaskin
mašina za pranje veša
kran
slavina za vodu
kakel
pločice
potta
tuta
vask
sudoper

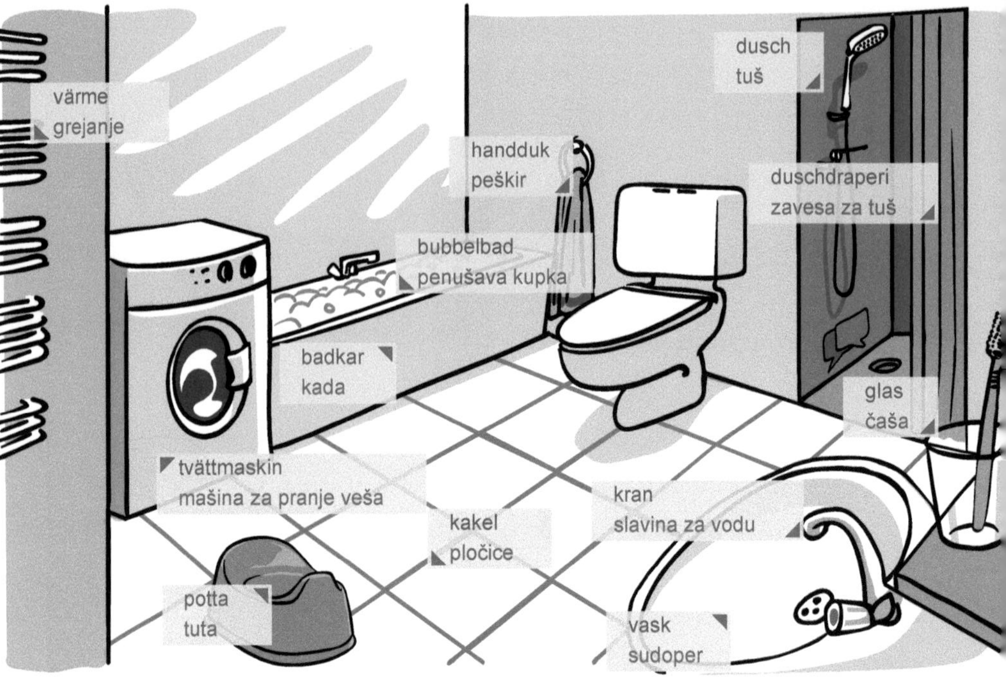

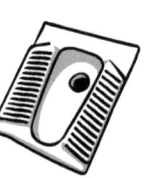

toalett

toalet

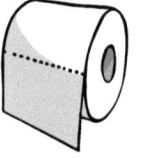

låg toalett

čučavac

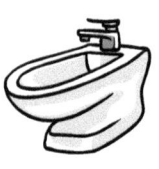

bidet

bidet

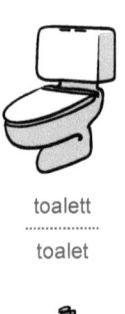

pissoar

pisoar

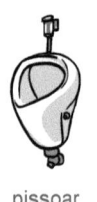

toalettpapper

toaletni papir

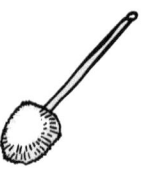

toalettborste

četka za toalet

tandborste

četkica za zube

tandkräm

pasta za zube

tandtråd

konac za zube

tvätta

prati

handdusch

tuš ručica

intimdusch

tuš za pranje intimnih delova

handfat

lavor

ryggborste

četka za pranje leđa

tvål

sapun

duschgel

gel za tuširanje

schampo

šampon

trasa

krpa za pranje

avlopp

odvod

crème

krema

deodorant

dezodorans

spegel

ogledalo

handspegel

kozmetičko ogledalo

rakhyvel

brijač

raklödder

pena za brijanje

rakvatten

losion za posle brijanja

kam

češalj

borste

četka

hårtork

fen za kosu

hårspray

sprej za kosu

smink

makeup

läppstift

ruž za usne

nagellack

lak za nokte

bomullsvadd

vata

nagelsax

makaze za nokte

parfym

parfem

necessär

kozmetička torbica

pall

stolica

våg

vaga

badrock

ogrtač

gummihandskar

rukavice za čišćenje

tampong

tampon

binda

uložak

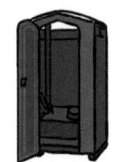

kemisk toalett

hemijski toalet

barnrum
dečija soba

väckarklocka
budilnik
gosedjur
plišana igračka
leksaksbil
auto igračka
skallra
zvečka
dockhus
kućica za lutke
present
poklon

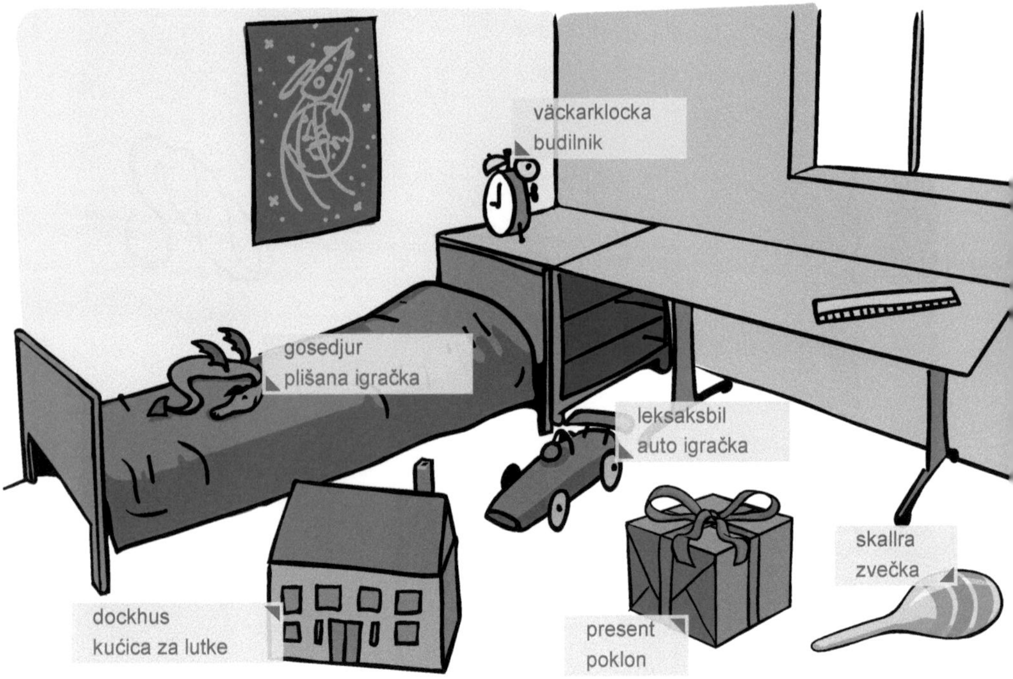

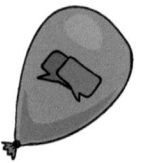

ballong

balon

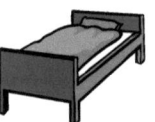

säng

krevet

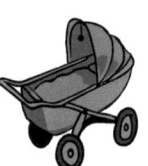

barnvagn

dječija kolica

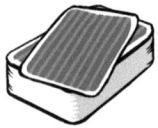

kortlek

igra s kartama

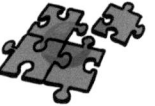

pussel

slagalica

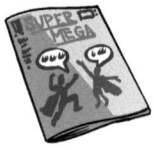

serietidning

strip

legobitar

lego kockice

klossar

kockice za slaganje

actionfigur

akcioni junak

sparkdräkt

benkica za bebe

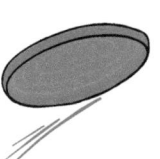

frisbee

frizbi

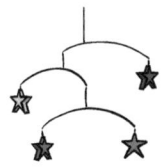

mobil

viseće igračke

brädspel

društvene igre

tärning

kocka

modelljärnväg

minijaturna željeznica

napp

duda

party

zabava

bilderbok

slikovnica

boll

lopta

docka

lutka

spela

igrati

sandlåda

pješčanik

gunga

ljuljačka

leksaker

igračka

spelkonsol

konzola za igre

trehjuling

tricikl

nalle

tedi

garderob

ormar

kläder
odeća

sockar

kratke čarape

strumpor

čarape

tights

hulahopke

halsduk
šal

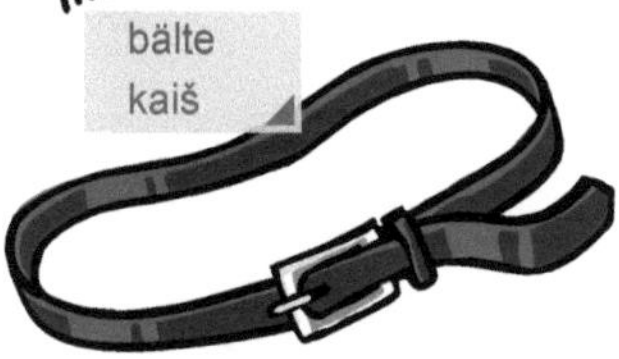

bälte
kaiš

paraply
kišobran

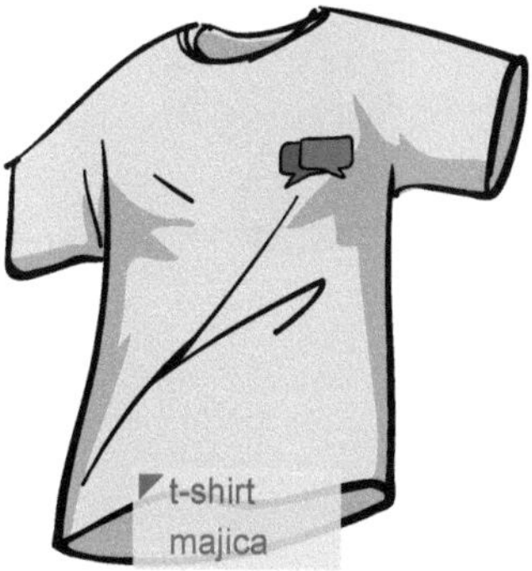

t-shirt
majica

sneakers
patike

stövlar
čizme

tofflor
papuče

sandaler
....
sandale

skor
....
cipele

gummistövlar
....
gumene čizme

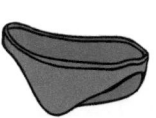

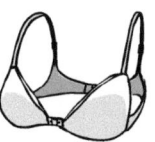

underbyxor
....
gaćice

BH
....
grudnjak

linne
....
potkošulja

body
bodi

byxor
pantalone

jeans
farmerke

kjol
suknja

blus
bluza

skjorta
košulja

pullover
džemper

sweater
džemper s kapuljačom

blazer
sako

jacka
jakna

kappa
kaput

regnjacka
kabanica

dräkt
kostim

klänning
haljina

bröllopsklänning
venčanica

kläder - odeća

kostym
odelo

nattlinne
spavaćica

pyjamas
pidžama

sari
sari

slöja
marama za glavu

turban
turban

burka
burka

kaftan
kaftan

abaya
abaja

baddräkt
kupaći kostim

badbyxor
kupaće gaćice

shorts
kratke pantalone

träningsoverall
odeća za trening

förkläde
kecelja

handskar
rukavice

knapp

dugme

glasögon

naočare

armband

narukvica

halsband

ogrlica

ring

prsten

örhänge

naušnica

mössa

kapa

galge

vešalica

hatt

šešir

slips

kravata

dragkedja

patent zatvarač

hjälm

kaciga

hängslen

naramenice

skoluniform

školska uniforma

uniform

uniforma

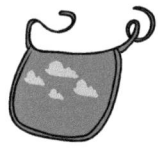

haklapp

podbradak

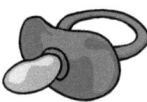

napp

duda

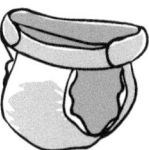

blöja

pelena

kontor
kancelarija

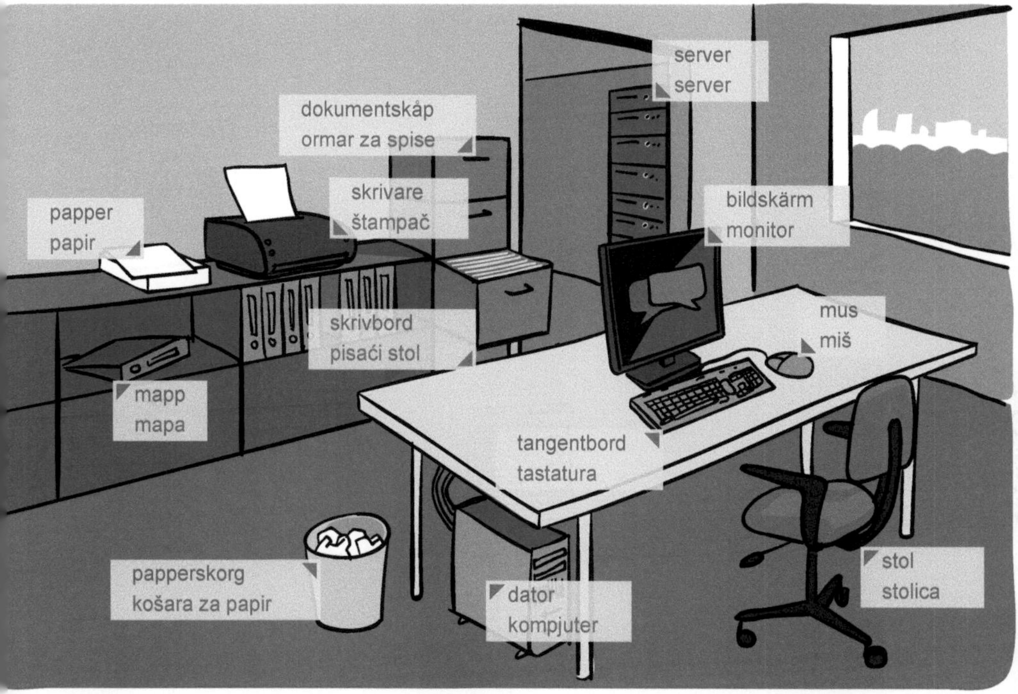
server
server
dokumentskåp
ormar za spise
skrivare
štampač
papper
papir
bildskärm
monitor
skrivbord
pisaći stol
mus
miš
mapp
mapa
tangentbord
tastatura
papperskorg
košara za papir
dator
kompjuter
stol
stolica

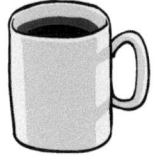

kaffemugg

šalica za kavu

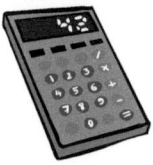

miniräknare

kalkulator

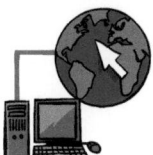

internet

internet

bärbar dator

laptop

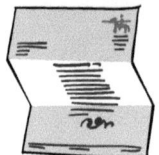

brev

pismo

meddelande

poruka

mobiltelefon

mobilni telefon

nätverk

mreža

kopieringsapparat

uređaj za kopiranje

programvara

softver

telefon

telefon

vägguttag

utičnica

fax

faks

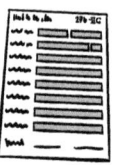

blankett

formular

dokument

dokument

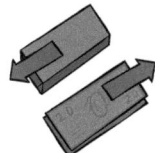

köpa

kupovati

betala

platiti

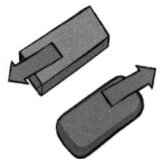

handla

trgovati

pengar

novac

dollar

dolar

euro

evro

yen

jen

rubel

rublja

schweizisk franc

švajcarski franak

renminbi yan

renmindbi juan

rupie

rupija

bankomat

automat za novac

växelkontor

menjačnica

guld

zlato

silver

srebro

olja

nafta

energi

energija

pris

cena

kontrakt

ugovor

skatt

porez

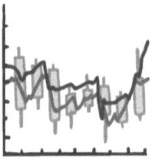

aktie

deonica

arbeta

raditi

anställd

službenik

arbetsgivare

poslodavac

fabrik

fabrika

affär

prodavnica

polis
policajac

brandman
vatrogasac

kock
kuvar

läkare
lekar

pilot
pilot

trädgårdsmästare
vrtlar

snickare
stolar

sömmerska
krojačica

domare
sudija

kemist
hemičar

skådespelare
glumac

busschaufför

vozač autobusa

taxichaufför

vozač taksija

fiskare

ribar

städerska

čistačica

takläggare

krovopokrivač

servitör

konobar

jägare

lovac

målare

slikar

bagare

pekar

elektriker

električar

byggarbetare

građevinski radnik

ingenjör

inženjer

slaktare

mesar

rörmokare

limar

brevbärare

poštar

soldat

vojnik

arkitekt

arhitekta

kassör

blagajnik

florist

cvećar

frisör

frizer

konduktör

kondukter

mekaniker

mehaničar

kapten

kapetan

tandläkare

zubar

vetenskapsman

naučnik

rabbin

rabi

imam

imam

munk

monah

präst

svećenik

verktyg
alati

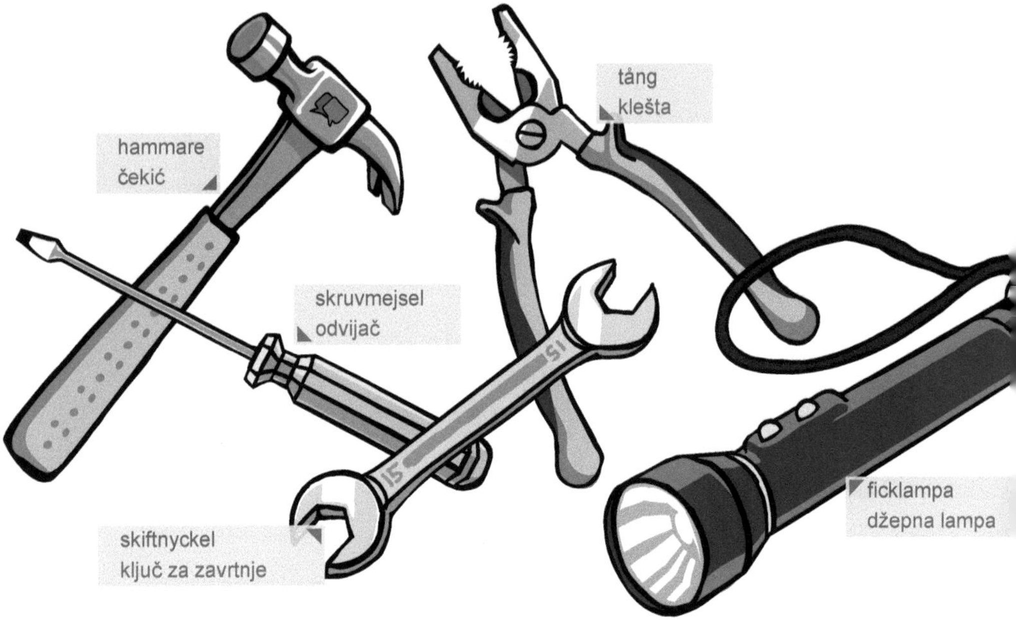

tång
klešta
hammare
čekić
skruvmejsel
odvijač
skiftnyckel
ključ za zavrtnje
ficklampa
džepna lampa

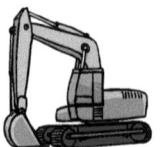

grävmaskin

bager

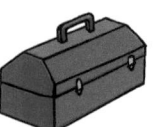

verktygslåda

kutija za alat

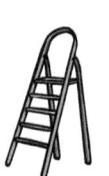

stege

merdevine

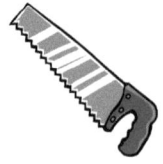

såg

pila

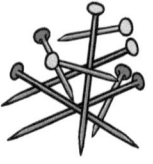

spik

ekser

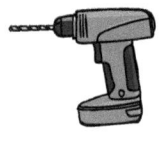

borr

bušilica

reparera

popraviti

spade

lopata

Helvete!

do đavola!

sopskyffel

lopatica

färgburk

lonac za boju

skruvar

zavrtanji

musikinstrument
muzički instrument

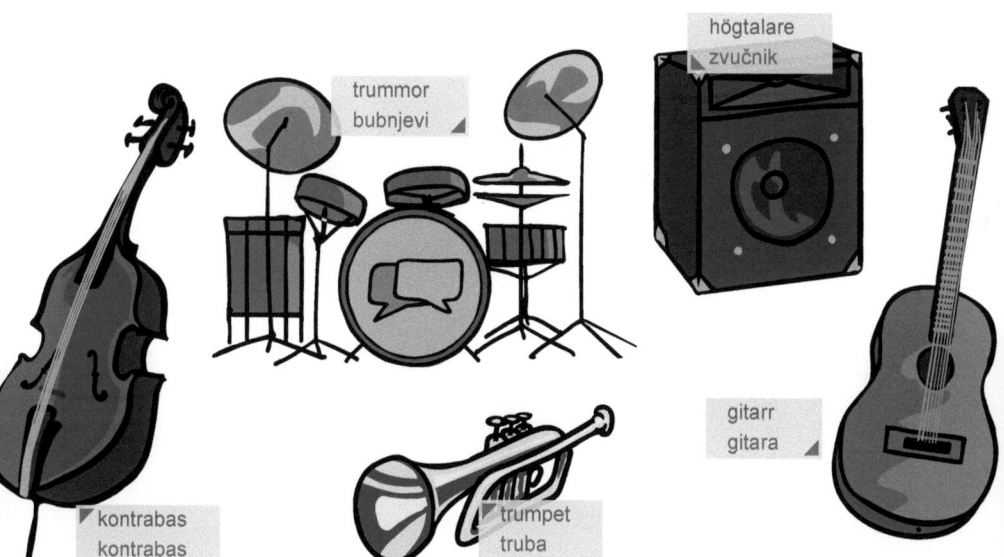

högtalare
zvučnik

trummor
bubnjevi

gitarr
gitara

kontrabas
kontrabas

trumpet
truba

piano

klavir

violin

violina

bas

bas

timpani

timpani

trumma

udaraljke za bubnjeve

keyboard

tipke klavira

saxofon

saksofon

flöjt

flauta

mikrofon

mikrofon

zoo
zoološki vrt

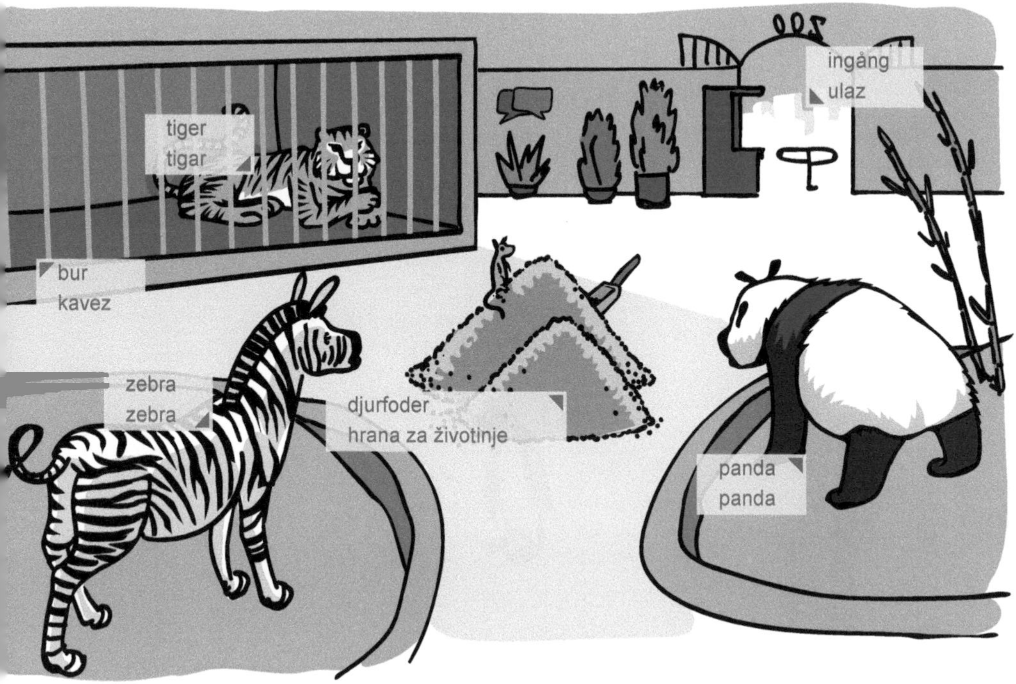
tiger
tigar
ingång
ulaz
bur
kavez
zebra
zebra
djurfoder
hrana za životinje
panda
panda

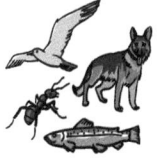

djur

životinje

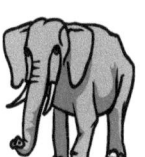

elefant

slon

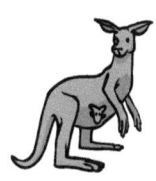

känguru

kengur

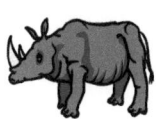

noshörning

nosorog

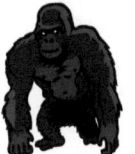

gorilla

gorila

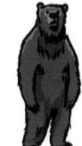

björn

medved

kamel

kamila

struts

noj

lejon

lav

apa

majmun

flamingo

flamingo

papegoja

papagaj

isbjörn

polarni medved

pingvin

pingvin

haj

ajkula

påfågel

paun

orm

zmija

krokodil

krokodil

djurskötare

čuvar u zoološkom vrtu

säl

tuljan

jaguar

jaguar

ponny
poni

leopard
leopard

flodhäst
nilski konj

giraff
žirafa

örn
orao

vildsvin
divlja svinja

fisk
riba

sköldpadda
kornjača

valross
morž

räv
lisica

gazell
gazela

amerikansk fotboll
amerikanski nogomet

cykling
biciklizam

tennis
tenis

basket
košarka

simning
plivanje

boxning
boks

ishockey
hokej na ledu

fotboll
fudbal

badminton
badminton

friidrott
atletika

handboll
rukomet

skidåkning
skijanje

polo
polo

hoppa
skočiti

skratta
smejati se

krama
zagrliti

gå
ići

sjunga
pevati

drömma
sanjati

be
moliti se

kyssa
poljubiti

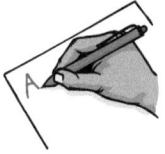

skriva

pisati

rita

crtati

visa

pokazati

skjuta

gurati

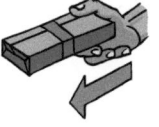

ge

dati

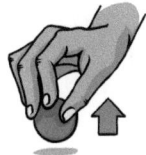

ta

uzeti

hagel
imati

göra
činiti

vara
biti

stå
stojati

springa
trčati

dra
povlačiti

kasta
baciti

falla
padati

ligga
ležati

vänta
čekati

bära
nositi

sitta
sediti

klä på
oblačiti

sova
spavati

vakna
probuditi se

se på

gledati

gråta

plakati

smeka

milovati

kamma

češljati

prata

govoriti

förstå

razumeti

fråga

pitati

höra

slušati

dricka

piti

äta

jesti

städa

pospremiti

älska

voleti

laga mat

kuhati

köra

voziti

flyga

leteti

segla

ploviti

räkna

računati

läsa

čitati

lära sig

učiti

arbeta

raditi

gifta sig

venčati se

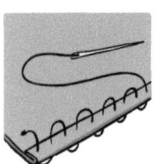

sy

šiti

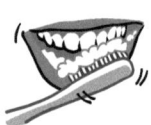

borsta tänderna

prati zube

döda

ubiti

röka

pušiti

skicka

poslati

mormor/farmor
baka

morfar/farfar
deda

pappa
otac

mamma
majka

baby
beba

dotter
kćerka

son
sin

gäst
gost

moster/faster
tetka

farbror/morbror
ujak, stric

bror
brat

syster
sestra

kropp

telo

panna
čelo
öga
oko
skuldra
rame
finger
prst
ansikte
lice
haka
brada
hand
ruka
ben
noga
bröst
grudi
arm
ruka

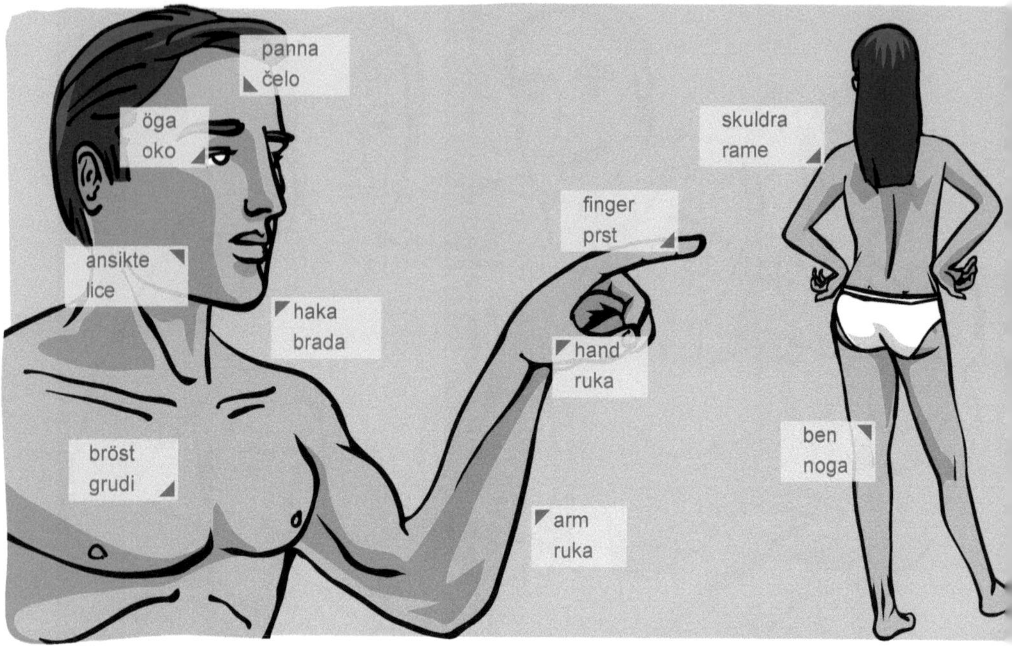

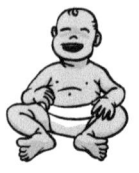

baby
beba

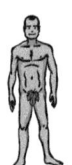

man
muškarac

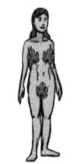

kvinna
žena

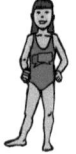

flicka
devojčica

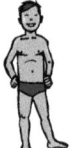

pojke
dečak

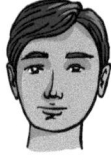

huvud
glava

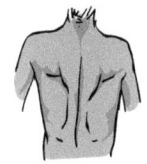

rygg
leđa

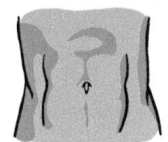

mage
stomak

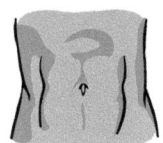

navel
pupak

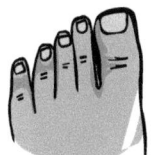

tå
nožni prst

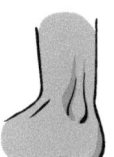

häl
peta

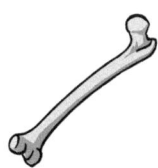

ben
kost

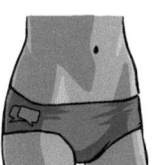

höft
kukovi

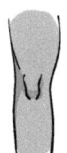

knä
koleno

armbåge
lakat

näsa
nos

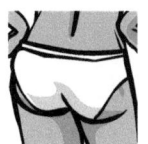

stjärt
zadnjica

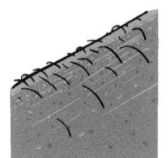

hud
koža

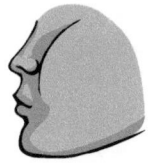

kind
obraz

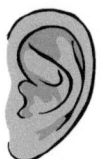

öra
uvo

läpp
usna

mun

usta

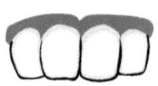

tand

zub

tunga

jezik

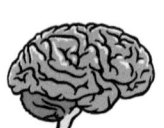

hjärna

mozak

hjärta

srce

muskel

mišić

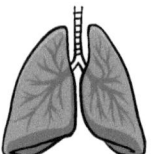

lunga

pluća

lever

jetra

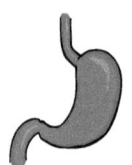

magsäck

želudac

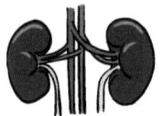

njurar

bubrezi

sex

polni odnos

kondom

kondom

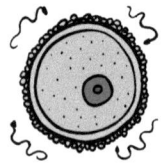

äggcell

jajna ćelija

sperma

sperma

graviditet

trudnoća

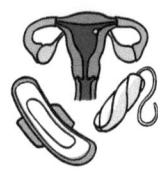
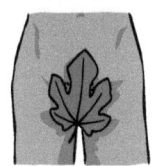
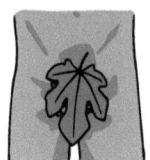

menstruation	vagina	penis
menstruacija	vagina	penis

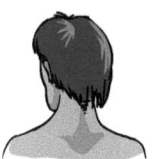

ögonbryn	hår	nacke
obrva	kosa	vrat

sjukhus
bolnica

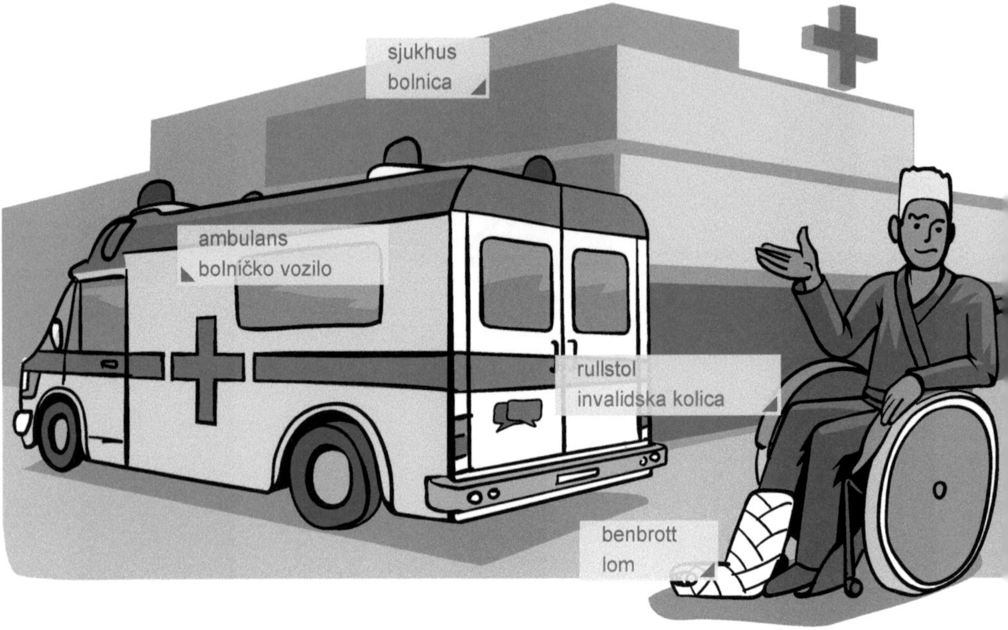

sjukhus
bolnica
ambulans
bolničko vozilo
rullstol
invalidska kolica
benbrott
lom

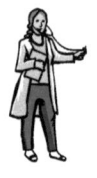

läkare

lekar

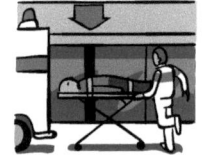

akutmottagning

hitna medicinska služba

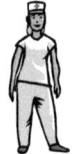

sjuksköterska

medicinska sestra

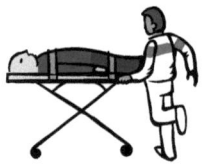

nödsituation

hitni slučaj

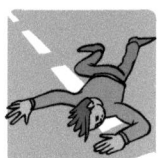

medvetslös

nesvest

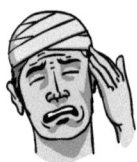

smärta

bol

skada
povreda

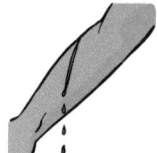

blödning
krvarenje

hjärtattack
srčani udar

slaganfall
udar

allergi
alergija

hosta
kašalj

feber
groznica

influensa
gripa

diarré
proliv

huvudvärk
glavobolja

cancer
rak

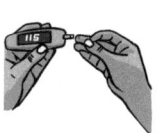

diabetes
dijabetes

kirurg
hirurg

skalpell
skalpel

operation
operacija

CT
ct

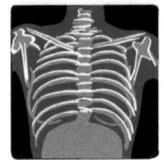

röntgen
rentgen

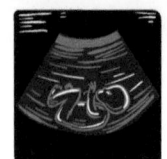

ultraljud
ultrazvuk

ansiktsmask
maska

sjukdom
bolest

väntsal
čekaona

krycka
štaka

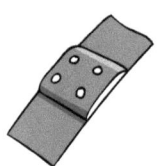

plåster
flaster

bandage
zavoj

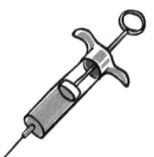

injektion
injekcija

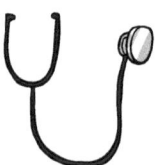

stetoskop
stetoskop

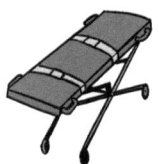

bår
nosila

termometer
termometar

födsel
rođenje

övervikt
prekomerna težina

hörapparat

slušni aparat

desinfektionsmedel

sredstvo za dezinfekciju

infektion

infekcija

virus

virus

HIV / AIDS

HIV / AIDS

medicin

medicina

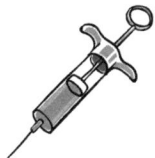

vaccination

vakcinacija

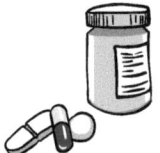

tabletter

tablete

p-piller

pilula

nödsamtal

hitni poziv

blodtrycksmätare

uređaj za merenje pritiska

sjuk / frisk

bolesno / zdravo

Hjälp!

pomoć!

alarm

alarm

överfall

nasrtaj

misshandel

napad

fara

opasnost

nödutgång

izlaz u slučaju nužde

Det brinner!

požar!

brandsläckare

protivpožarni aparat

olycka

nezgoda

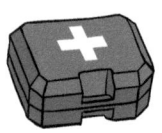

förbandslåda

kutija prve pomoći

SOS

sos

polis

policija

Europa

Evropa

Nordamerika

Severna Amerika

Sydamerika

Južna Amerika

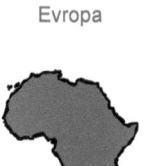

Afrika

Afrika

Asien

Azija

Australien

Australija

Atlanten

Atlantik

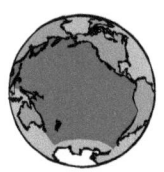

Stilla Havet

Pacifik

Indiska Oceanen

Indijski okean

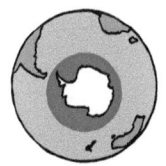

Antarktiska Oceanen

Antarktički okean

Arktiska Oceanen

Arktički ocean

Nordpol

Severni pol

Sydpol

Južni pol

Antarktis

Antarktik

Jorden

zemlja

land

zemlja

hav

more

ö

otok

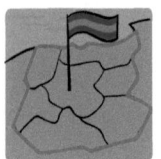

nation

nacija

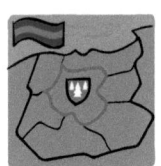

stat

država

urtavla

brojčanik sata

timvisare

satna kazaljka

minutvisare

minutna kazaljka

sekundvisare

sekundna kazaljka

Vad är klockan?

Koliko je sati?

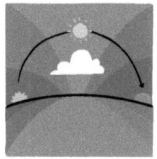

dag

dan

tid

vreme

nu

sada

digital klocka

digitalni sat

minut

minuta

timme

čas

vecka
sedmica

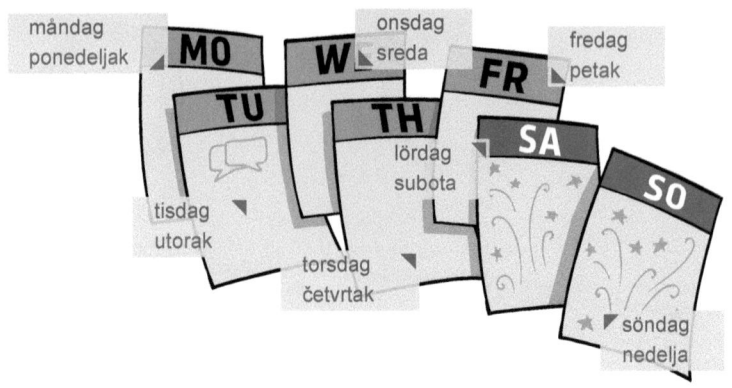

måndag
ponedeljak

onsdag
sreda

fredag
petak

tisdag
utorak

torsdag
četvrtak

lördag
subota

söndag
nedelja

igår
....
juče

idag
....
danas

imorgon
....
sutra

morgon
....
jutro

middag
....
podne

kväll
....
veče

vardagar
....
radni dani

helg
....
vikend

år
godina

regn
kiša
regnbåge
duga
vind
vetar
snö
sneg
vår
proleće
höst
jesen
sommar
leto
vinter
zima

4.APRIL 11°
5.APRIL 4°
6.APRIL 13°
7.APRIL 8°
8.APRIL 10°

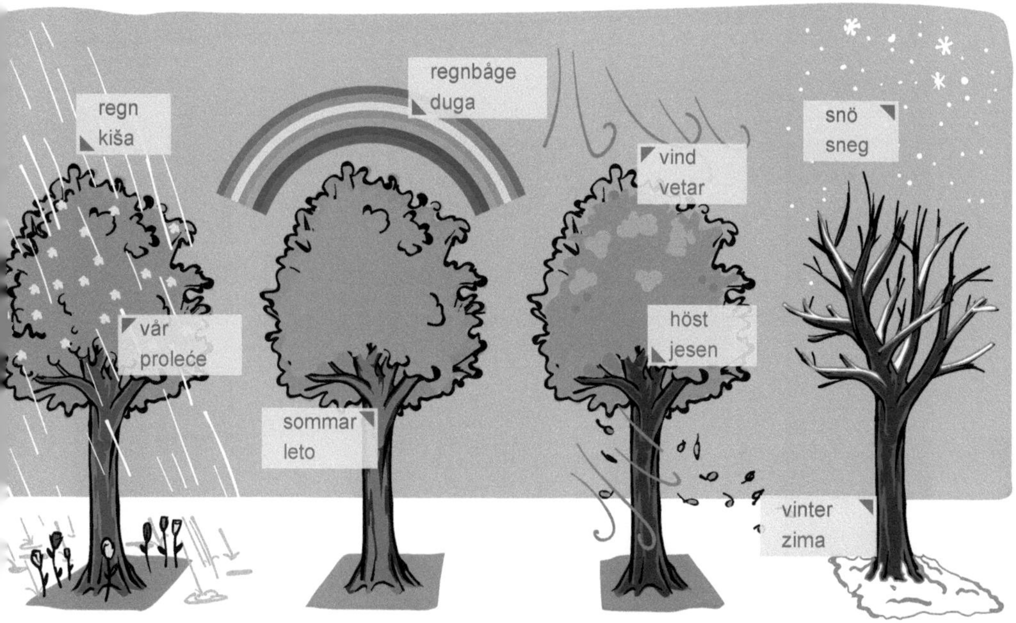

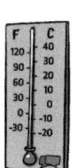

väderprognos

meteorološka prognoza

F C
120 40
90 30
60 20
30 10
0 0
-30 -10
-20

termometer

termometar

solsken

sunčana svetlost

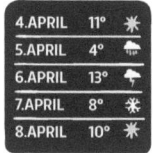

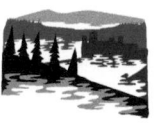

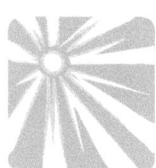

moln

oblak

dimma

magla

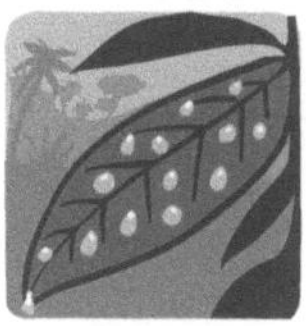

luftfuktighet

vlažnost vazduha

blixt
....
munja

åska
....
grmljavina

storm
....
oluja

hagel
....
tuča

monsun
....
monsun

översvämning
....
poplava

is
....
led

januari
....
januar

februari
....
februar

mars
....
mart

april
....
april

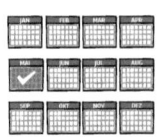

maj
....
maj

juni
....
juni

juli
....
juli

augusti
....
avgust

år - godina

september
....
septembar

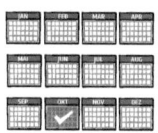

oktober
....
oktobar

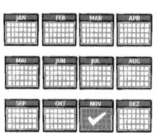

november
....
novembar

december
....
decembar

former

oblici

cirkel
....
krug

kvadrat
....
kvadrat

rektangel
....
pravougao

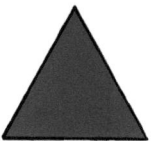

triangel
....
trougao

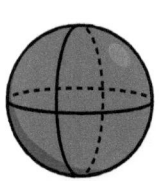

sfär
....
kugla

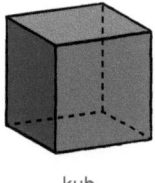

kub
....
kocka

vit

bela

gul

žuta

orange

narandžasta

rosa

ružičasta

röd

crvena

lila

ljubičasta

blå

plava

grön

zelena

brun

smeđa

grå

siva

svart

crna

mycket / lite
mnogo / malo

arg / lugn
ljutito / mirno

vacker / ful
lepo / ružno

början / slut
početak / kraj

stor / liten
veliko / maleno

ljus / mörk
svetlo / tamno

bror / syster
brat / sestra

ren / smutsig
čisto / prljavo

komplett / ofullständig
potpuno / nepotpuno

dag / natt
dan / noć

död / levande
mrtvo / živo

bred / smal
široko / usko

ätlig / oätlig

jestivo / nejestivo

ond / god

zlo / dobro

upphetsad / uttråkad

uzbuđeno / dosadno

tjock / smal

debelo / mršavo

först / sist

na početku / na kraju

vän / fiende

prijatelj / neprijatelj

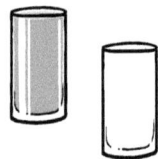

full / tom

puno / prazno

hård / mjuk

tvrdo / mekano

tung / lätt

teško / lagano

hunger / törst

glad / žeđ

sjuk / frisk

bolesno / zdravo

olaglig / laglig

ilegalno / legalno

intelligent / dum

pametno / glupo

vänster / höger

levo / desno

nära / långt bort

blizu / daleko

ny / begagnad

novo / polovno

inget / något

ništa / nešto

gammal / ung

staro / mlado

på / av

uključeno / isključeno

öppen / stängd

otvoreno / zatvoreno

tyst / högljudd

tiho / glasno

rik / fattig

bogato / siromašno

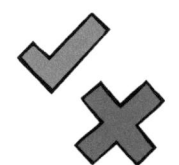

rätt / fel

tačno / pogrešno

grov / slät

hrapavo / glatko

ledsen / glad

tužno / sretno

kort / lång

kratko / dugo

långsam / snabb

polako / brzo

våt / torr

mokro / suho

varm / sval

toplo / hladno

krig / fred

rat / mir

0

noll
nula

1

ett
jedan

2

två
dva

3

tre
tri

4

fyra
četiri

5

fem
pet

6

sex
šest

7

sju
sedam

8

åtta
osam

9

nio
devet

10

tio
deset

11

elva
jedanaest

12	**13**	**14**
tolv	tretton	fjorton
dvanaest	trinaest	četrnaest

15	**16**	**17**
femton	sexton	sjutton
petnaest	šestnaest	sedamnaest

18	**19**	**20**
arton	nitton	tjugo
osamnaest	devetnaest	dvadeset

100	**1.000**	**1.000.000**
hundra	tusen	miljon
stotinu	hiljadu	milion

engelska

engleski

amerikansk engelska

američki engleski

kinesisk mandarin

mandarinski kineski

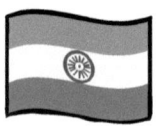

hindi

hindski

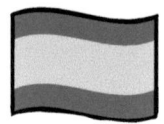

spanska

španski

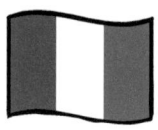

franska

francuski

arabiska

arapski

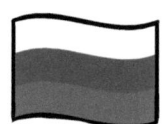

ryska

ruski

portugisiska

portugalski

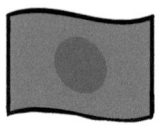

bengali

bengalski

tyska

nemački

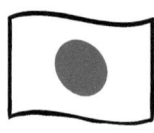

japanska

japanski

jag

ja

du

ti

han / hon / den (det)

on / ona / ono

vi

mi

ni

vi

de

oni

vem?

Ko?

vad?

Šta?

hur?

Kako?

var?

Gde?

när?

Kada?

namn

ime

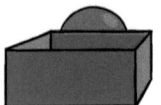

bakom
....
iza

i
....
u

framför
....
ispred

över
....
preko

på
....
na

under
....
ispod

bredvid
....
pored

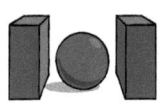

mellan
....
između

plats
....
mesto